AF453153

Portail de Nôtre-dame de Rheims

LE SACRE DV ROY.

Auec la version des Prieres en François.

Par Monsieur le Maire Prestre, Docteur
en Theologie, Chanoine de Soissons,
& Predicateur ordinaire du Roy,
& de MONSIEVR Frere
vnique de sa Majesté.

*Le Sacre du Roy Louis XIV. fut
le VII.ᵉ de juin 1654.*

A REIMS,

Chez AVGVSTIN POTTIER Imprimeur,
ruë S. Estienne, à l'enseigne du Lion.

M. DC. LIIII.

Auec Priuilege du Roy.
Et Approbation des Docteurs.

A
LA REYNE.

MADAME,

j'ay crû en vous preſentant cette verſion,
ſatisfaire egalement aux deux plus belles
& plus violentes inclinations de V.
M. dont l'vne regarde Dieu, & l'autre le Roy voſtre Fils : Ie veux dire
(MADAME) à voſtre pieté & à
voſtre amour. Voſtre pieté y trouuera de
quoy ſe ſatisfaire; puiſque la Priere en eſt le
fondemẽt & le ſujet : & vôtre amour y rẽ-
cõtrera l'accõpliſſemẽt de ſes deſirs ; puiſque
le Couronnement du Roy en eſt l'objet & la
fin. Et je ne doute point (MADAME)

que vous ne recitiez auec plaisir ces belles
Oraisons , qui ont esté les glorieux canaux
par lesquels Dieu a fait couler le comble de
ses benedictions & de ses graces sur la per-
sõne sacrée de nôtre incõparable Monarque.
C'est dans cette esperãce (MADAME)
jointe aux intimes obligations que j'ay à
V. M. qui peut donner couleur à la hardiesse que je prends de vous adresser ce petit
ouurage, & de me dire eternellement,

MADAME,

Vostre tres-humble,
tres-obeissant, &
tres-obligé Seruiteur
LE MAIRE.

LES EFFETS MERVEILLEVX
DV SACRE.

L est tres-important que les Roys soient instruits de l'excellence & de la sainteté de leur Onction , afin qu'ils s'en approchent auec plus de reuerence, qu'ils apportent plus de disposition à receuoir l'abondance des graces que Dieu y a attachées , & qu'ils en cognoissent plus parfaitement les obligations & les auantages. Et le feu Roy d'heureuse memoire , passant en cette Ville , tesmoigna par vn mouuement de sa pieté ordinaire , qu'il eust souhaitté auoir esté sacré dans vn aage où il pût joindre à l'innocence , vne

parfaite cónoiſſance de la grandeur
de cette action , dont les effets,
dans le ſentiment de S. Thomas,
ſont merueilleux , & paſſent juſques
au prodige.

1. Le premier effet eſt vn accroiſſement de ſainteté & de grace,
& vne conſecration particuliere de
nos Roys au ſeruice de Dieu & de
la Religion. Conſacrez , dit Dieu,
auec l'huile , les choſes qui appar-
tiennent à mon Culte, afin qu'elles
ſoient ſaintes : C'eſt pourquoy Dieu
voulut dans la Loy que les Roys
qui ſont ſes Lieutenans pour venger
ſes injures , que les Preſtres qui ſont
ſes Miniſtres pour luy offrir des Sa-
crifices, que les Prophetes qui ſont ſes
Herauls pour annócer ſes volontez
que les Temples qui ſont des lieux
preparez pour ſa demeure , & que

les Autels qui exhalent vne odeur de suauité deuant sa face, fussent consacrez & sanctifiez par l'onction! Si cela est des figures, que fera-ce de la verité? & y aura-il sujet de douter, que Dieu par cét huile merueilleux qu'il a enuoyé du Ciel, n'ayt consacré, par priuilege, nos Roys à son seruice, & qu'il ne les ayt choisy entre tous les Roys de la terre pour souftenir les interefts de sa gloire; Et de là vient ce grand zele que les Roys de France ont tousjours fait paroiftre pour la defense de l'Eglise; cette paffion, qui leur est comme naturelle d'eftendre l'Empire de Iesus Chrift, & de porter la gloire de son nom jufques aux extremitez du monde, Cette foy qu'ils ont cóferué inuiolablement depuis le premier Sacre qui fuft celuy de Clouis; en

forte que ce n'eſt pas ſans apparence
de raiſõ que l'on croit conformemét
à la prophetie de S. Remy , que la
foy ne perira dans ce Royaume ,
qu'auec l'abolition de cette ſacrée
ceremonie.

2. Le ſecond effet , c'eſt vn
eſcoulement de l'authorité de Dieu
deſſus le Prince , dont l'éclat rejallit
ſur les ſujets , & imprime tout enſemble des ſentimens & de vene-
ration dans leurs eſprits , & d'amour
dans leurs cœurs ; en ſorte qu'il n'y a
point de nation, ny plus affectiõnée,
ny plus ſoûmiſe à leur Roy, que celle
des François.

3. Le troiſieſme effet , eſt vne
communication de la ſageſſe & de
la bonté de Dieu , qui leur apprend
à bien regner & à gouuerner les
peuples auec moderation & pru-

dence, & auec vn amour de Pere ;
& c'eſt à quoy tendent toutes les
prieres & toutes les Oraiſõs du Sacre.

4. Le quatrieſme c'eſt vn don
d'excellence, qui eſleue (pour parler
aux termes de S. Gregoire) les Roys
de Frãce deſſus tous les autres Roys,
autãt que les autres Roys, ſõt eſleuez
au deſſus de leurs Peuples.

5. Le cinquieſme effet que je tire
de S. Thomas dans ce rare ouurage
du gouuérnement des Princes, c'eſt
le don de guerir, cette maladie hon-
teuſe qui eſt l'ignominie du corps &
le ſupplice des yeux : Et ce grand
Docteur ne parle en ce récontre que
comme teſmoin des merueilles que
cette Onction operoit par les mains
de S. Loüis, auec lequel il eſtoit tres-
familier.

6. Le ſixieſme, c'eſt vne parti-

cipation au Sacerdoce ; & c'est pourquoy le Roy communie, au jour de
son Sacre, sous les deux especes;
afin (dit l'ancié autheur) qu'il sçache
que sa dignité est Royale & sacer-
dotale tout ensemble. Les Roys
estoient autrefois sacrez du mesme
huile que les Prestres : Et nos Roys
ont encore cét auātage de n'estre pas
sacrés de l'huile des Catechumenes
comme les Prestres, mais du sainct
Chresme comme les Euesques.

7. Le septiesme, c'est l'affermi-
ssement du thrône, n'y ayant point
de plus souuerain remede pour dis-
siper les reuoltes & rāger les peuples
à leur deuoir, que cette Onction qui
est vne impression sacrée du doigt
de Dieu dessus le front du Prince

8. Le huitiesme, c'est la grande
maistrise & la souueraineté de l'ordre

du S. Esprit & le pouuoir de faire des
Cheualiers ; puisque, selon les reigles
de son institution , le Roy ne peut
faire des Cheualiers qu'apres son
Sacre , & que le serment de l'ordre
suit indispensablement celuy du
Royaume.

9. Le dernier enfin , c'est vn
comble de gloire pour le Roy, de
paix pour le Royaume, & de felicité
pour le peuple ; en sorte que l'on
peut dire des Roys de France ces
paroles de Samüel : Le Seignr vous a
sacré Roy sur son heritage , & vous
deliurerez son peuple, & le signe
que vous en aurez, c'est l'Onction
dont vous auez esté sacré.

APPROBATION.

NOVS soubs-signez Docteurs en Theologie de la Faculté de Paris, Archidiacres & Chanoines de l'Eglise de Soissons, Certifions auoir leu & diligemment examiné vn petit Liure en François contenant les Ceremonies & Prieres qui se font au Sacre du Roy, & n'y auons rien rencontré qui ne soit conforme & aux Bonnes mœurs de la Foy Catholique, Apostolique & Romaine, l'estimons digne d'estre mis en lumiere pour la consolation de tous les bons François. Fait à Reims ce huictiesme Iuin, l'an mil six cens cinquante-quatre. Signé, DV TOVR. P. MOREAV.

Comme cette version a esté faite auant le Sacre, s'il se trouue quelque manquement touchant le rang & les noms des Officiers qui y ont esté employez : Ie prie le Lecteur d'auoir recours aux Remarques qui sont imprimées en suite.

LES HEVRES
DV
SACRE,

Respons qui se dit au jour de l'entrée du Roy, lors qu'il est arriué dans l'Eglise de Nostre-Dame de Reims.

Voicy que j'enuoye mon Ange qui te precede & te garde tousjours: Obserue & escoute sa voix, & je seray l'ennemy de tes ennemis, & j'affligeray ceux qui t'affligeront, & mon Ange marchera deuant ta face.

Verset.

Israël, si tu escoutes ma voix, il n'y aura point en toy de nouuelle diuinité, & tu n'adoreras point de Dieu estranger ; car je suis ton Seigneur : Obserue & escoute ma voix, & je seray l'ennemy de tes ennemis, &c.

M. l'Archeuesque de Reims ou le Prelat qui officie, dit l'Oraisõ suiuãte. ORAISON.

SEigneur qui sçaués que le genre humain ne peut subsister par sa propre vertu : accordés nous par vostre bonté que Loüis vostre seruiteur que vous auez esleu pour regir vostre peuple, soit tellement appuyé de vostre ayde, qu'il ayt le pouuoir de profiter à ceux ausquels il a droit de commander. Par nostre Seigneur Iesus Christ vostre Fils, qui estant Dieu, vit & regne auec vous

en l'vnité du S. Esprit par tous les
siecles des siecles. Ainsi soit-il.

*L'on chante apres quelque Antienne de
la Vierge, laquelle estant finie, le Prelat
qui officie dit ce qui s'ensuit.* Verset.
Seigneur, conseruez le Roy.
Resp. Et exaucez nous au jour
que nous vous inuoquerons.

Le Seigneur soit auec vous. Et
auec vostre esprit. ORAISON.

NOus vous supplions, Seigneur
Dieu, d'accorder à nous qui
sommes vos seruiteurs, vne santé
perpetuelle de corps & d'esprit : &
par l'intercession glorieuse de la
sainte & bien-heureuse Marie tousjours Vierge, d'estre deliuré des
afflictions presentes, & de jouïr vn
jour des joyes eternelles.

DIeu Tout-puissant, nous vous
prions que Loüis vostre Serui-

teur & noftre Roy , qui a receu de
voftre mifericorde la conduitte de
ce Royaume , reçoiue auffi de voftre
grace l'accroiffement de toutes les
vertus; afin qu'eftant reueftu (cóme
il doit eftre) de ces glorieux ornemens, il puiffe dompter les inóftres
des vices , furmonter fes Ennemis,
& arriuer comblé de graces & de
merites jufques à vous , qui eftes la
voye , la verité , & la vie , & qui
viuez & regnez auec le Saint Efprit
dans les fiecles des fiecles.

Les fieurs Euefques de Laon & de
Beauuais, ou les Prelats qui les reprefen-
tent, meinent le Roy baifer le gràd Autel.

Le Sacre du Roy fe doit faire le Di-
manche, qui eft vn jour de fanctification.
Et la veille apres les Vefpres & la Predi-
catiõ, il a couftume de fe difpofer par la Cõ-
feffion & la Priere, à receuoir les grace que
Dieu

Dieu a attachées à l'onction sacrée de vos Roys.

Le jour du Sacre, le Roy enuoye sur les sept heures quatre Seigneurs en l'Abbaye de S. Remy pour faire apporter la sainte Ampolle en l'Eglise de N. Dame.

Les Seigneurs destinés au present Sacre, sont Messieurs les Marquis de Manciny, de Vardes, de Biron & de Richelieu.

SEANCE DES PAIRS ECclesiastiques & Laïques au jour du Sacre.

LEs trois Pairs Ducs & les trois Pairs Comtes Laiz partent pareillement du logis du Roy, reuestus de Tuniques qui passent le genoüil, & pardessus, de Manteaux de serge teinte en escarlatte violette, muerts sur l'espaule droite, & enrichis sur l'ouuerture de boutons de diamant, auec vn collet rond fourré d'hermines mouchetées, portans les Ducs vn Chapeau

d'or, & les Comtes vn Cercle d'or deſſus
la teſte, & viennent en l'Egliſe auprés du
grand Autel, où ils trouuent Monſieur
l'Archeueſque de Reims en vne chaire, le
dos tourné à l'Autel, ayant à ſa droite
les Pairs Eccleſiaſtiques aſſis en leurs
ſeances ainſi qu'il s'enſuit. 1. Monſieur l'Eueſque Duc de Laon. 2. M.
l'Eueſque Duc de Langres. 3. M. l'E-
ueſque Comte de Beauuais. 4. M.
l'Eueſque Comte de Chaalons. 5. M.
l'Eueſque Comte de Noyon.

Vis-à-vis leſdits Prelats, ſe mettent
les Pairs Laïques en cét ordre. 1. Le Duc
de Bourgongne. 2. Le Duc de Normandie.
3. Le Duc d'Aquitaine. 4. Le Comte de
Tholoze. 5. Le Comte de Flandre. 6.
Le Comte de Champagne : Et parce que
les Duchés & Comtés deſdits Pairs
Laiz ſont reünis à la Couronne : Le
Roy choiſit des Seigneurs pour faire leurs

charges.

Les Princes & Seigneurs ordonnés à cet effet, sont MONSIEVR, Messieurs les Ducs de Vendosme, d'Elbeuf, D'Espernon, de Schomberg & de Luynes.

Les Pairs estans tous assis, deputent les Euesques de Laon & de Beauuais pour aller querir le Roy au Palais Archiepiscopal, logis du Roy, & vont accompagnés des Chanoines de l'Eglise Metropolitaine, jusques à la Chambre de sa Majesté, à la porte de laquelle ils frappent, & y estans entrés, ils trouuent le Roy couché sur son lit, vestu d'vne chemise de toile de hollande, fenduë deuant & derriere pour receuoir les saintes Onctions, d'vne camisole de satin cramoisy auec de pareilles ouuertures, & d'vne robbe longue : l'Euesque de Laon dit l'Oraison suiuante.

ORAISON.

Dieu Tout-puissant & Eternel qui auez daigné esleuer Loüis voſtre Seruiteur à la dignité souueraine de Roy : Accordez-luy, s'il vous plaiſt, de diſpoſer en ſorte les voyes au ſalut commun de pluſieurs pendant le cours de cette vie, qu'il ne s'eſloigne jamais des ſentiers de vos veritez. Par noſtre Seigneur Ieſus-Chriſt voſtre Fils, &c.

Ces deux Eueſques s'approchent du Roy auec reſpect, le ſouſleuent de deſſus ſon lit & le conduiſent dedans l'Egliſe.

LA MARCHE.

Monſieur le Conneſtable marche deuant le Roy, ſon eſpée nuë au poing; apres le Roy marche ſeul Monſieur le Chancelier, & apres luy le grand Maiſtre, ayant le grand Chambelan à ſa droite, & à ſa gauche le premier Gentilhomme

de la Chambre: M. le Mareschal d'E-
strée comme le plus ancien Mareschal de
France sert de Connestable en ce Sacre, &
M. le Marechal de Villeroy y represente
le grãd Maistre Cepẽdant le Clergé chante
le Respons suiuant.   Resp.

Voicy que j'enuoye mon Ange
pour te preceder & te garder tousjours : Obserue & escoute ma voix,
& je seray l'ennemy de tes Ennemis,
& j'affligeray ceux qui t'affligeront,
& mon Ange te seruira de guide,
& marchera deuant ta face. Verset.

Israël, si tu m'escoute, il n'y
aura point en toy de nouuelle diuinité, & tu n'adoreras point de Dieu
estranger; car je suis ton Seigneur:
Obserue & escoute ma voix, & je
seray l'ennemy de tes Ennemis, &c.

Le clergé en attendant le Roy, fait
vne pose à la porte de l'Eglise : &

Monfieur l'Euefque de Beauuais dit l'Oraifon fuiuante,

ORAISON.

O Dieu qui cónoiffez la foibleffe de la nature humaine, & qui fçauez qu'elle ne peut fubfifter par fa propre vertu : Faites par voftre bonté que Loüis voftre Seruiteur, que vous auez voulu eftre prepofé à voftre peuple, foit tellement fortifié de voftre ayde, qu'il puiffe profiter à ceux aufquels il a droit de commander. Par noftre Seigneur Iefus-Chrift, &c.

Les Chanoines entrans en l'Eglife, chantent l'Antiphone.

Seigneur, le Roy fe resjouïra dedans ta force

Le Roy arriuant au grand Autel, eft prefenté au fieur Archeuefque de Reims, qui fe leue & dit l'Oraifon fuiuante.

ORAISON.

DIeu Tout-puissant moderateur des Cieux, qui auez esleué Loüis vostre Seruiteur au plus eminent degré de ce Royaume, defendez-le, s'il vous plaist, de toute aduersité, en le fortifiant du don de la paix que vous auez laissé à vôtre Eglise, & le comblez de tous biens, en luy faisant gouster les douceurs de cette paix que vous preparez à vos Esleus dans l'eternité. Par nostre Seigneur, &c.

SEANCE DV ROY DANS l'Eglise Metropolitaine de Reims, au jour de son Sacre.

LEs Euesques de Laon & de Beauuais meinent le Roy en sa chaire, esloignée de l'Autel de dix pieds, & preparée sur vn haut Daiz. Derriere le Roy est assis le Connestable ou celuy qui tient sa place, sans espée. Plus bas est le Chancelier, & derriere le Chancelier le grand Maistre : A sa droite le grand Chambelan, & à sa gauche le premier Gentilhomme de la Chambre. M. le Duc de Ioyeuse & M. le Marquis de Mortemart feront leurs charges.

La seance prise, le Roy reçoit de l'eau benite de la main du Prelat qui officie, & le Chœur commence Tierce.

Cependant, l'Archeuesque de Reims va au deuant de la sainte Ampolle jusques au grand Portail, accompagné de ses Euesques, Suffragans, & de son Clergé, la reçoit des mains de l'Abbé de S. Remy ou de son grand Prieur, auec promesse de la rendre apres l'acheuement du Sacre, & la porte sur l'Autel où le Roy la reuere deuotement ; & cependant, le Chœur chante :   Antienne.

O don pretieux ! ô perle inestimable !

mable ! qui a esté enuoyée du Ciel,
& apportée par le ministere des
Anges pour le Sacre des Roys de
France.   Verset.

I'ay trouué mon Seruiteur Dauid.
℟. Ie l'ay sacré de mon huile saint.

ORAISON.

DIeu Tout puissant & Eternel,
qui par vn don special de vôtre
pieté, auez ordonné que les Roys
de France fussent consacrés par vne
Onction saincte : Accordez-nous,
s'il vous plaist, que Loüis vostre Seruiteur & nostre Roy estant fortifié
par la vertu de cét huile qui fust
enuoyé de Dieu à S. Remy, s'auance
tousjours dans vostre seruice à la
faueur de vostre grace, & soit deliuré de toute infirmité par vostre
infinie misericorde. Par nostre Seigneur Iesus-Christ, &c.

C

Promesses & Serment du Roy au jour de son Sacre.

L'Archeuéque officiant reuétu d'habits Pontificaux cóme pour celebrer la Messe, assisté de deux Euesques ses suffragans qui luy seruent de Diacre & Sousdiacre, de plusieurs autres Prelats & de douze Chanoines reuétus de Tuniques, s'approche du Roy pour receuoir les promesses & les Sermens accoustumez.

Les deux Euesques suffragans sont M. L'Euesque d'Amiens, & M. l'E. de Senlis, ou en sa place le Coadjuteur de Soissons. Les Euesques nommez pour estre assistans en ce Sacre, sont Messieurs de Rhodez, de Leon, de Coutance, de S. Paul & de Rennes.

L'Archeuesque s'addressant au Roy, dit

Nous vous demandons que vous accordiez à vn chacun de nous & aux Eglises qui nous sont cómises

la conſeruation des Priuileges Canoniques, vne Loy deuë & raiſonnable & la juſtice, & que vous
entrepreniez noſtre defenſe, cóme
vn Roy le doit dans ſon Royaume
à chaque Eueſque & à l'Egliſe qui
luy eſt commiſe.

Reſponſe & promeſſe du Roy.

IE vous promets & vous accorde de
conſeruer à chacun de vous & aux
Egliſes qui vous ſont commiſes les
Priuileges Canoniques, vne Loy
deuë & raiſonnable & la juſtice, &
de vous proteger & vous defendre
autant qu'il me ſera poſſible, auec
l'ayde du Seigneur; cóme vn Roy
eſt obligé de droit de faire en ſon
Royaume, à chaque Eueſque & à
l'Egliſe qui luy eſt commiſe.

Meſſieurs les Eueſques de Laon &
de Beauuais ſouſleuent le Roy de ſa chaire,

&r demandent aux assistans s'ils l'acceptent pour Roy, & apres le consentement du peuple & de toute l'assistance, il fait le Serment du Royaume ayant les mains sur l'Euangile.   Serment du Roy.

IE promets ces choses, au nom de Iesus-Christ, au peuple Chrestien qui m'est subjet. Premierement de trauailler à ce que le peuple Chrestien conserue en tout temps de nostre bon gré vne veritable paix à l'Eglise de Dieu.

Item. D'empescher toutes rapines, & toutes iniquités de quelle sorte & qualité qu'elles soient.

Item. De faire obseruer la justice & la misericorde dans tous les jugemens ; afin que Dieu qui est le pere de la clemence exerce en mon endroit & au vostre les effets de sa bonté & de sa misericorde.

Item. D'exterminer de tout mon pouuoir & de bonne foy de mes Terres & de toutes les Iurisdictions qui me sont sujettes, tous les Heretiques denotez par l'Eglise : toutes lesquelles choses je confirme par serment. Qu'ainsi Dieu me soit en ayde & ces saints Euangiles.

Le Roy baise l'Euangile, & est conduit par lesdits sieurs Euesques de Laon & de Beauuais deuät le grand Autel, sur lequel sont preparez tous les ornemens Royaux destinez au Sacre & Couronnement de nos Roys, apportez de l'Abbaye de S. Denis, par le grand Commandeur de ladite Abbaye.

Le premier Gentilhöme de la Chambre oste la robbe longue au Roy, & le laisse en sa camisolle ou soutanelle en presence de l'Archeuesque, qui dit sur luy ce qui s'ensuit. Verset.

Que toute nostre ayde soit au nom du Seigneur.   Respons.
Qui a fait le Ciel & la terre.   ℣.

Que le nom du Seigneur soit benit.   Respons.
Depuis ce moment jusques dans l'eternité.   Le Seigneur soit auec vous. Et auec vostre esprit.

ORAISON.

SEigneur, autheur ineffable du monde, Createur du genre humain, Recteur des Empires, & Confirmateur des Royaumes, qui auez esleu du sein d'Abraham vostre fidel Amy nostre Patriarche vn Roy pour le siecle futur : Versez sur ce Roy qui se presente à vous auec toute humilité, & dessus toute sa Cour, vne abondance de graces & de benedictions par l'intercession de tous les Saints, & l'affermissez

inesbranlablement dans le Throsne
de ses Peres : Visitez-le , comme
vous auez fait Moïse dans le buisso,
Iesus-Naué dans le combat, Gedeon
dans le champ , Samüel dans le
Temple ; & respandez dessus luy
cette celeste benediction & la rosée
de cette eminéte sagesse que Dauid
dans les Hymnes qu'il a compo-
sé à vostre gloire , & que Salomon
son fils ont receu du Ciel pour re-
compense. Seruez-luy de cuirasse &
de defense contre les forces de ses
Ennemis , d'armet dans les aduersitez , de moderation dans la pro-
sperité , de bouclier pour le proteger
eternellemét ; & faites que ses sujets
gardent la fidelité qu'ils luy doiuét,
que les Grands de son Royaume
conseruent entr'eux la paix , ay-
ment l'vnion & la charité , s'ab-

Que toute noſtre ayde ſoit au
nom du Seigneur.   Reſpons
Qui a fait le Ciel & la terre.   V
Que le nom du Seigneur ſoit
benit.   Reſpons
Depuis ce moment juſques dans
l'eternité.   Le Seigneur ſoit auec
vous. Et auec voſtre eſprit.

ORAISON

SEigneur, autheur ineffable du
monde, Createur du genre humain, Recteur des Empires, &
Confirmateur des Royaumes, qui
tiré au lieu du ſein d'Abraham
noſtre fidel Amy noſtre Patriarche
vn Roy pour le ſiecle futur: Verſez
ſur ce Roy qui ſe preſente à vou
auec toute humilité, & deſſus tout
ſa Cour, vne abondance de grace
& de benedictions par l'interceſſion
de tous les Saints, & l'affermiſſe

d'exterminer de tout mon pouuoir & de bonne foy de mes Terres & de toutes les Iurisdictions qui me sont sujettes, tous les Heretiques denotez par l'Eglise : toutes lesquelles choses je confirme par serment. Qu'ainsi Dieu me soit en ayde & ces Saints Euangiles.

Le Roy baise l'Euangile, & est conduit par lesdits sieurs Euesques de Laon & de Beauuais deuers le grand Autel, sur lequel sont preparez ... les ornemens Royaux destinez au Sacre & Couronnement de nos Roys, apportez de l'Abbaye de S. Denis, par le grand Commandeur de ladite Abbaye.

Le premier Gentilhôme de la Chambre oste la robbe longue au Roy, & le laisse en sa camisolle ou soutanelle en presence de l'Archeuesque, qui dit sur luy ce qui s'ensuit. Verset.

ftiennent des conuoitiſes qui ſon
les ſources ordinaires des exaction
ou des reuoltes, rendent la juſtic
& gardent la verité, & que ce peupl
multiplié par vne benediction eternelle, croiſſe tellemét en nombre
en force, & vertu, qu'il demeur
tousjours victorieux au milieu de
plaiſirs & des delices de la paix
Ce que veille nous accorder celuy
qui regne ſans fin auec vous, &
auec le S. Eſprit dans les ſiecle
des ſiecles. Ainſi ſoit il.

Apres cette Oraiſon. le grand Cham-
bellan de France luy chauſſe les ſandales
ou botines, & le Duc de Bourgongne luy
mèt les eſperons qu'il oſte auſſi - toſt :
Alors l'Officiant benit l'eſpée en cette
ſorte. ORAISON.

Nous vous ſupplions, Seigneur
d'exaucer fauorablement nos
prieres,

prieres, & de vouloir estendre la droite de vostre Majesté sur cette espée dont Loüis vostre Seruiteur desire estre armé; afin qu'estant benite de vostre main, elle puisse estre la defense & la protection des Eglises, des veufues, des orphelins, & de tous les seruiteurs de Dieu contre la furie & la cruauté des Payens, aussi bien que la terreur & la crainte des Ennemis & des Traistres. Par nostre Seigneur Iesus-Christ, &c.

L'Archeuesque ceint l'espee au Roy, luy deceint, la tire du fourreau, la baise & luy presente, disant. ORAISON.

REceuez cette espée qui vous est donnée par vne benediction particuliere de Dieu, auec laquelle vous puissiez par la vertu du S. Esprit resister & repousser tous vos Ennemis & tous les aduersaires de l'E-

D

glife, defédre le Royaume qui vous
eft commis , & proteger les camps
du Seigneur par le fecours de cét
inuincible triomphateur noftre Sei-
Iefus-Chrift. Receuez dis-je cette
efpée de nos mains tenans lieu &
confacrées par l'authorité des Saints
Apoftres , qui vous eft prefentée en
qualité de Roy , & ordonnée de
Dieu par le miniftere de noftre benediction , pour la defenfe de fon
Eglife. Et reffouuenez-vous de qui
le Pfalmifte a prophetifé , lorsqu'il
a dit : ô fort inuincible , armez-
vous de voftre efpée & la mettez
fur voftre cuiffe ; afin que par fon
moyen , & l'affiftance du mefme
Iefus-Chrift , vous exerciez la juftice dans fa force & fa vigueur ,
vous renuerfiez la maffe de l'iniquité, vous combattiez puifsáment

pour les interests de l'Eglise & la defése des fidels, vous exterminiez tous les ennemis du nom Chrestien ouuerts & cachez, vous protegiez les veufues & les orphelins, vous releuiez ce qui est abbatu, vous conseruiez ce qui est reparé, vous vengiez l'injustice, vous confirmiez la vertu, en sorte qu'en pratiquant ces choses, estant plein de gloire par le triomphe de tant de vertus, & illustre par tant d'actions d'e- quité & de justice, vous meritiez de regner sans fin auec le Sauueur du monde dont vous portez le cha- ractere & la figure dessus le visage aussi bien que dans le nom, & qui vit & regne auec Dieu le Pere & le Saint Esprit par tous les siecles des siecles. Ainsi soit-il.

Le Roy reçoit l'espée, la tient droite pendant que l'on chante cette Antienne.

Añe. Sois fortifié & deuiens homme, & obserue les volontez du Seigneur ton Dieu, afin que tu marche dans ses voyes, & que tu garde ses ceremonies, & ses commandemens, & ses loix, & ses jugemens; & qu'il confirme tous tes desseins, de quel costé que tu te tourneras.   ORAISON.

ODieu, qui reglez par vostre prouidence tout ce qui se passe au Ciel & en la terre: Soyez fauorable à nostre Roy tres-Chrestien; afin que toute la force de ses Ennemis soit brisée par la vertu de ce glaiue spirituel & celeste, & soit entieremét détruite par la puissance de vostre bras, combattant pour sa defense. Par nostre Seigneur, &c.

*Le Roy ayant receu l'espée, la baise,
offre à Dieu la mettant sur l'Autel, &
Monf. l'Archeuesque luy rend : le Roy
ayant prise à genoux, la donne à M.
e Conneftable, qui la tient nuë & droite
pendant toute la Ceremonie. Et cependant, le Prelat qui officie, continuë de
prier sur luy.* ORAISON.

Dieu Tout-puiffant, regardez
d'vn œil fauorable ce Roy glorieux, & comme autrefois vous auez
beny Abraham, Ifaac & Iacob :
faites auffi couler, s'il vous plaift,
dedans fon ame des effufions abon-
dantes de voftre grace, auec toute
la plenitude de voftre puiffance :
refpandez dans fon fein les largeffes
de vôtre diuine bonté, & luy dónez
durant longues années abondance
de bled, de vin & d'huile, & toute
l'opulence des fruits que l'on peut

attendre de la rosée du Ciel & de
la graisse de la terre : afin que sous
son regne la patrie joüisse d'vne
santé parfaite de corps, le Royaume
d'vne paix inuiolable, & que la
dignité Royale brille aux yeux de
tous par la splendeur d'vne souueraine puissance auec autant d'esclat
& de lumiere que la foudre. Accordez-luy par vostre bonté, ô Dieu
Tout-puissant, qu'il soit protecteur
inuincible de la patrie, consolateur
des Eglises, & de ces saints & au-
gustes monumens de la pieté & de
la magnificence Royale : Qu'il soit
le plus fort de tous les Rois, tousjours victorieux de ses ennemis pour
l'oppression des rebelles & des nations infideles & idolatres, que sa
force & sa puissance le rende ter-
rible à ses ennemis, & sa pieté & sa

largeſſe aymable aux Grands de ſon Royaume & à tous ſes Sujets, afin qu'il ſoit également craint & aymé de tous. Qu'il ſoit le Pere de pluſieurs Roys pour les ſiecles futurs, & que ſa lignée occupe le Throſne par vne longue ſucceſſion de temps; & enfin, qu'il merite de conduire heureuſement ce Royaume, & apres des années glorieuſes, de jouir des joyes eternelles. Ce qu'il vous plaiſe accorder Seigneur, qui eſtant Dieu viuez & regnez auec noſtre Seigneur Ieſus-Chriſt voſtre Fils, & le Saint Eſprit, par tous les ſiecles des ſiecles.

2. BENEDICTION.

BEniſſez, s'il vous plait Seigneur, le Roy noſtre Prince, que nous croyons nous auoir eſté donné de vous pour le ſalut du peuple. Ac-

cordez-luy par voſtre bonté vn
longue ſuitte d'années , vne forc
& vne vigueur ſalutaire de corps
vne vieilleſſe deſirée , & vne fi
bien-heureuſe. Que nous puiſſion
eſperer qu'il obtiendra pour ſo
peuple la grace qu'Aaron a demád
efficacement dans le Tabernacle
Heliſée dans le fleuue , Ezechia
dans ſon lict, & le vieillard Zachari
dans le Temple. Qu'il reçoiue pou
commander la meſme puiſſance &
la meſme authorité , que Doſuc
receu dans le camp , Gedeon dan
les combats , Pierre dans la conduit
de l'Egliſe , & Paul dans la predi
cation de l'Euangile. Et qu'il reus
ſiſſe auſſi heureuſemét pour le bie
de ceux qui ſont ſous ſa charge
qu'Iſaac dedans ſes moiſſons , &
Iacob dans ſes Troupeaux. Ce qu'i
vou

Vous plaise accorder, Seigneur, qui eſtant Dieu viuez & regnez auec voſtre Fils vnique noſtre Seigneur Ieſus-Chriſt & le S. Eſprit, par tous les ſiecles des ſiecles. Ainſi ſoit-il.

3. BENEDICTION.

Dieu ſource eternelle de gloire ſoit voſtre protecteur & voſtre ayde, & qu'il vous beniſſe dans ſa toute-puiſſance; qu'il exauce vos prieres en toutes choſes, & qu'il comble voſtre vie d'vne longue ſuitte de jours. Qu'il affermiſſe continuellement le throſne de voſtre Royaume, & qu'il conſerue eternellement le peuple qui vous eſt ſubjet. Qu'il couure de honte & de confuſion vos ennemis; & qu'il faſſe florir en vous l'onction ſacrée de Ieſus-Chriſt; afin que celuy qui vous a donné l'empire ſur la terre, vous donne vne couronne de gloire pour recompenſe dedans le Ciel. Qui eſtant vn Dieu en trois perſonnes, vit & regne par tous les ſiecles, &c.

Preparation du ſaint Huile & du ſaint Chreſme pour le Sacre du Roy.

L'Archeueſque retourne à l'Autel, ouure la ſainte Ampolle, & auec vne eſguille d'or qui y pend, il tire du ſaint Huile, & le meſle du doigt auec le ſaint Chreſme dont ſont ſacrez les Eueſques, Cependant que le Chœur chante le Reſpons ſuiuant.   Reſpons.

Le bien-heureux S. Remy ayant receu du Ciel vn diuin Chreſme en a fait vn canal ſacré qui a ſanctifié la nation ſi renommée des François, auec leur Roy le plus-noble & le plus grand de tous, & les a enrichy pleinement de ce don pretieux du Saint Eſprit.   Verſet.

Qui par vn effet fingulier de fa
grace apparut vifiblement fous la
forme d'vne Colombe, & admi-
niftra au Saint Pontife d'vne façon
toute celefte cette diuine liqueur.

Verf. Bien-heureux Saint Remy
priez pour nous. Refp. Afin que
nous foyons rendus dignes des pro-
meffes de Iefus-Chrift.

Oraison.

ODieu qui auez donné à voftre
peuple le bienheureux Saint
Remy pour eftre le miniftre & in-
ftrument de fon falut eternel : Faites
par voftre bonté que nous meritions
d'auoir pour interceffeur dedans le
Ciel celuy que nous auons eu pour
maiftre de noftre vie deffus la terre.
Par noftre Seigneur, &c.

*Le Roy fe met à genoux auec le Prelat
officiant, & deux autres Archeuefques*

commencent les Litanies suiuantes.

Litanies.

SEigneur, ayez pitié de nous.
Seigneur, ayez pitié de nous.
Christ, ayez pitié de nous.
Christ, ayez pitié de nous.
Seigneur, ayez pitié de nous.
Seigneur, ayez pitié de nous.
Christ, escoutez nous.
Christ, escoutez nous.
Saincte Marie, priez pour nous.
Sainct Michel,
Sainct Gabriel,
Sainct Raphaël,
Sainct Chœur des Anges,
Sainct Iean Baptiste,
Sainct Pierre,
Sainct Paul,
Sainct André,
Sainct Iacques,
Sainct Barthelemy,

Priez pour nous.

Sainct Matthieu,
Sainct Simon,
Sainct Thadeé,
Sainct Mathias,
Sainct Barnabé,
Sainct Chœur des Apostres,
Sainct Estienne,
Sainct Clement,
Sainct Calixte,
Sainct Marcel,
Sainct Nicaise,
Sainct Maurice,
Sainct Geruais,
Sainct Prothais,
Sainct Timothé,
Sainct Apollinaire,
Sainct Chœur des Martyrs,
Sainct Syluestre,
Sainct Remy, *2. fois à haute voix.*
Sainct Augustin,
Sainct Hierosme,

Priez pour nous.

Priez pour nous.

Sainct Ambroise,
Sainct Gregoire,
Sainct Sixte,
Sainct Sinice,
Sainct Rigobert,
Sainct Martin,
Sainct Maurice,
Sainct Nicolas,
Sainct Chœur des Confesseurs,
Saincte Marie Magdeleine,
Saincte Marie Egyptienne,
Saincte Felicité,
Saincte Perpetuë,
Saincte Agathe,
Saincte Agnes,
Saincte Cecile,
Saincte Eutropie,
Saincte Geneuiefue,
Saincte Colombe,
Saincte Scholastique,
Saincte Petronille,

Priez pour nous.

Priez pour nous.

Saincte Catherine, priez.
Sainct Chœur des Vierges, priez.
O vous Saincts de Dieu, priez.
O Dieu, soiez nous fauorable, pardonnez nous Seigneur.
Soyez nous fauorable, deliurez nous Seigneur.
Des embuches du Demon,
De la damnation eternelle,
Par le mystere de vostre sainte Incarnation,
Par vostre sainte Croix & vostre Passion,
Par la grace du S. Esprit consolateur,

Deliurez nous Seignr.

Nous vous prions, Seigneur, tout pecheurs que nous sommes, exaucez nous s'il vous plaist.
Nous vous prions de nous donner la paix, exaucez nous, s'il vous plaît.
Nous vous prions de nous conseruer

par voſtre infinie miſericorde,
exaucez nous, s'il vous plaiſt.

Nous vous prions de reſpandre dans
nos cœurs les graces du S. Eſprit,
exaucez nous, s'il vous plaiſt.

Nous vous prions de fortifier & de
maintenir en voſtre ſeruice noſtre
Archeueſque & le peuple qui luy
eſt commis, exaucez nous, &c.

Deux fois & à plus haute voix.

Nous vous prions de rendre l'hom-
mage de noſtre ſeruitude juſté
& raiſonnable, exaucez, &c.

*Le Roy ſe leue auec l'Archeueſque lequel
chante à haute voix ces 3. Verſets.*

Nous vous prions de benir Loüis
voſtre preſent ſeruiteur, pour
eſtre couróné Roy, exaucez, &c.

Nous vous prions, Seigneur, de vouloir benir & eſleuer Loüis voſtre
ſeruiteur qui eſt icy preſent, pour
eſtre

eſtre couróné Roy , exaucez , &c.
Nous vous prions , Seigneur, de vouloir benir , eſleuer & conſacrer
Loüis voſtre preſét ſeruiteur , pour
eſtre couróné Roy , exaucez , &c.
*Les deux Archeueſques pourſuiuent , le
Roy & M. de Reims eſtans à genoux.*
Nous vous prions d'eſtablir vne paix
& vne concorde veritable entre
les Roys & les Princes Chreſtiés,
exaucez nous , s'il vous plaiſt.
Nous vous prions , Seigneur, de con-
ſeruer tout le peuple Chreſtien
que vous auez rachepté de voſtre
ſang pretieux , exaucez nous , &c.
Accordez le repos à tous les fidels
Treſpaſſez : Nous vous ſupplions ,
Seigneur , exaucez nous , &c.
Eſcoutez nos vœux , ô Fils de Dieu.
Agneau de Dieu qui effacez les pe-
chez du monde , pardonnez nous

Seigneur.

Agneau de Dieu qui effacez les pe
chez du monde , exaucez nous
Seigneur.

Agneau de Dieu qui effacez les pe
chez du monde , ayez pitié d
nous. Christ escoutez nous.

Seigneur ayez pitié de nous. Chri
ayez pitié de nous. Seigneu
ayez pitié de nous.

*Le Roy & les Euesques se prosternen
en terre , & M. l'Archeuesque estant de
bout , dit Pater noster.* Ver

Sauuez, Seigneur, vostre seruiteur
Resp. Qui espere en vous. Ver

Soyez luy , Seigneur, vne frote
reste imprenable , Resp. Contre le
attaques de l'ennemy. Ver

Seigneur, escoutez ma priere.
Et que mes cris s'esleuent jusques
vous. Vers. Le Seigneur soit aue

vous. *Resp.* Et auec voſtre eſprit.

ORAISON.

EStendez , s'il vous plaiſt , Seigneur , la main fauorable de
voſtre diuine Majeſté deſſus Loüis
voſtre feruiteur ; afin qu'il vous re-
cherche de tout ſon cœur , & qu'il
merite d'obtenir ce qu'il demande
auec humilité. Par noſtre Seigneur
Ieſus-Chriſt.   ORAISON.

NOus vous ſupplions , Seigneur ,
de preuenir toutes nos actions
de voſtre faueur , & de les conduire
en ſuitte par vne aſſiſtãce cõtinuelle
de voſtre grace ; afin que toutes nos
prieres & toutes nos œuures partent
de vous comme de leur principe & ,
& ſe rapportent à vous comme à
leur fin. Par noſtre Seigneur , &c.

Le Sieur Archeueſque dit aſſis les Orai-
ſons ſuiuantes ſur le Roy.

F 2

ORAISON.

PEre Sainct, Dieu Tout-puissant
& Eternel, nous implorons vôtre
ayde ; à ce que Loüis voſtre ſeruiteur
que vous auez, par vne diſpenſation
de voſtre diuine prouidence, eſleué
depuis ſa naiſſance juſqu'à ce jour
dans vne floriſſante jeuneſſe, eſtant
orné des dons de voſtre pieté, &
plein des lumieres de voſtre eſprit,
croiſſe tellement en vertu tous les
jours deuất Dieu & deuất les hómes,
qu'il entre joyeux des largeſſes de
vôtre grace, dans le throſne du ſouuerain gouuernement, & qu'eſtant
muny de toutes parts du mur inexpugnable de vôtre miſericorde côtre
les attaques de ſes ennemis, il re-
giſſe heureuſement le peuple qui
luy eſt commis, parmy les douceurs
de la Paix & les trophées de la Vi-

ctoire. Par noſtre Seigneur Ieſus-
Chriſt, &c.   ORAISON.

ODieu qui conduiſez vos peuples
auec authorité, & qui leur com-
mandez auec amour, dónez à Loüis
voſtre Seruiteur, l'Eſprit de ſageſſe,
auec la ſcience du gouuernement:
afin que vous aymant de tout ſon
cœur, il ſoit tousjours capable de
bien gouuerner ce Royaume, & que
l'Egliſe pendant ſon Regne, joüiſſe
par voſtre faueur d'vne tranquillité
parfaite & aſſeurée,& demeure tousjours dans vne pieté veritablement
Chreſtiéne, & enfin qu'il merite en
perſeuerát dans la pratique des bonnes œuures,d'arriuer ſous vôtre conduite au Royaume eternel. Par noſtre Seigneur, &c.   ORAISON.

QVe toute juſtice & toute equité prenne naiſſance & arriue

en sesjours, secours à ses Amis, ob-
stacle à ses ennemis , soulagement
aux hũbles , correctió aux superbes,
science aux riches , pieté à l'esgard
des pauures , faueur & bon accueil
aux pelerins , paix & asseurance à
ses propres sujets dãs son Royaumę.
Que gouuernant vn chacun auec
moderation & mesure, il apprenne
à se conduire soy-mesme auec exa-
ctitude ; afin qu'estant arrousé des
eaux salutaires de vostre grace , il
inspire la pieté aux peuples qni sont
sous sa charge par ses exemples , &
marchant auec le troupeau qui luy
est commis dans les voyes de la verité , il amasse auec abondance des
thresors & des richesses legitimes ,
& qu'il reçoiue toutes sortes de
biens, non seulement pour procurer
le salut des corps , mais encore celuy

des consciences & des cœurs ; que
vous nous auez accordé par voftre
bonté : & qu'ainfi vous rapportant
toutes fes penfées & tous fes confeils,
il ayt tousjours la paix & la fageffe
pour guides & pour compagnes du
gouuernement de fon peuple : Q'uil
reçoiue par vôtre ayde vne vie lógue
& heureufe : Que par des jours for-
tunez il arriue à vne glorieufe viel-
leffe ; & enfin, qu'eftant degagé par
voftre mifericorde des liens de tous
les vices, il acheue le cours de cette
vie mortelle par vne fin parfaitte,
& entre auec les Anges en com-
merce d'vne gloire immortelle &
d'vne profperité infinie. Par , &c.

SACRE DV ROY.

DIeu Toutpuiffant & Eternel ;
Recteur du Ciel & de la Terre,
Createur & fouuerain arbitre des

Anges & des hommes , Roy de
Roys & Monarque des Monarques
qui auez rendu Abraham voftre fi
del feruiteur , victorieux & triom
phant de fes ennemis , qui aue:
chargé de trophées Moyfe & Iofu
Chefs de voftre peuple , qui aue:
efleué à la dignité Royale Dauid vi
chetif enfant , & qui l'auez deliur
de la gueule du Lion , desgriffes d
la befte & des mains de Goliath , d
glaiue & de la malice de Saül , & de
attaques de tous fes Ennemis : Qu
auez enrichy Salomon d'vn don in
effable de paix & de fageffe. Ef
coutez fauorablement les prieres d
voftre peuple profterné auec tout
humilité à vos pieds , & multiplie:
le nombre de vos benedictions fu.
Loüis voftre Seruiteur que nous efli
fons pareillement pour Roy de cé
Eſta

Eſtat, par vne affection violente &
veritable, mais humble & reſpectu-
euſe : Et le protegez tousjours & de
toutes parts du bras inuincible de
voſtre puiſſance ; à ce qu'eſtant af-
fermy par la fidelité d'Abraham,
appuyé de la manſuetude de Moyſe,
muny de la force de Ioſué, eſleué
par l'humilité de Dauid, orné de la
ſageſſe de Salomon, il vous ſoit agreable en toutes choſes, il auance
tousjours d'vn pas aſſeuré dans les
voyes de la juſtice : & qu'enfin il
nourriſſe, enſeigne, protege & in-
ſtruiſe l'Egliſe qui eſt reſpãduë dans
tous les lieux de ce Royaume auec
les fideles & les peuples qui luy ſont
vnis : Qu'il vſe puiſſamment & roya-
lement de cette authorité qui eſt vn
eſcoulement de voſtre vertu contre
tous ſes ennemis viſibles & inuiſi-

bles : Qu'il n'abandonne point le
throſne des Saxons, des peuples du
Nort, ny le ſceptre des Cymbres,
mais qu'il reuniſſe tous leurs eſprits
dans la profeſſion de la foy anciéne
& dans le lien d'vne veritable paix;
afin qu'eſtất fortifié par la ſujection,
& l'obeïſſance de l'vn & de l'autre
peuple, il gouuerne & affermiſſe
tout enſemble par vôtre miſercorde,
le plus haut degré de la gloire de ſes
Peres; & qu'à l'ombre du bouclier
inexpugnable de voſtre protection,
& à la faueur des armes celeſtes, il
remporte vne heureuſe victoire de
ſes enneniis, qu'il imprime la terreur
de ſa puiſſance dans l'ame des Infideles, & qu'il retourne glorieuſemét
deuers vous auec vne paix acquiſe
par la ſueur & le combat de toutes
les vertus; & comme vous l'auez

orné de ces belles qualitez, comblez-le pareillement d'honneur & de benedictions, esleuez-le dans le gouuernement de ce Royaume, & respandez interieurement dans son ame l'onctió de la grace du S. Esprit. Par nostre Seigneur Iesus Christ qui a destruit l'empire des enfers par la vertu de sa Croix, & qui ayant renuersé le royaume de sathan, est mónté triomphāt dans le Ciel ; dans lequel consiste la puissance & la force victorieuse des Roys, qui est la gloire des humbles, la vie & le salut des peuples, & qui vit & regne auec vous & le Saint Esprit dans l'vnité d'vne mesme essence, par tous les siecles des siecles. Ainsi soit-il.

L'Acheuesque estant assis sacre le Roy à genoux, comme quand l'on consacre vn Euesque 1. Au sommet de la teste. 2. En la poitrine. 3. Entre les espaules. 4. En l'espaule droite. 5. En lespaule gauche. 6. Au plis du bras droit. 7. Au plu du bras gauche. Et dit à chacune de ces onctions: Ie vous sacre Roy d'vn huile sanctifié : Au nom du Pere, du Fils & du S. Esprit. *Et le peuple respond*, Amen.

Le Chœur cependant chante l'Antiène:

 Sadoch le grand Prestre & le Prophete Nathan ont oinct Salomon Roy en Gyon, & s'approchans de luy pleins de joye, ils se sont escriés: Viue le Roy eternellement.

 Et M. l'Archeuesque dit ces 3. Oraisons suiuantes. 1. ORAISON.

CHrist, sacrez ce Roy pour le gouuernement, d'où vous auez consacré les Prestres, les Roys, les Propheres & les Martyrs, qui ont assujetty par leur foy les Royaumes, operé la justice, & merité de re-

ceuoir les promesses diuines. Que
voſtre Onction ſacrée decoule deſſus ſa teſte, & deſcende juſques dans
l'interieur de ſon ame, & penetre
le fond de ſon cœur : & rendez-le
par voſtre grace digne des promeſſes
que les plus illuſtres Roys ont merité par leurs heroïques actions; en
ſorte qu'ayant regné heureuſement
en ce ſiecle preſent, il partage auec
eux le Royaume du Ciel dans le
ſiecle futur. Par noſtre Seigñr Ieſus
Chriſt voſtre Fils que vous auez ſacré
d'vn huile de joye en vne maniere
plus excelléte que tous ceux que vous
auez deſtinez pour participer à ſa
gloire, & qui par la vertu de ſa Croix
a ſurmonté toutes les puiſſances
de l'air & de l'enfer, deſtruit le
Royaume du Demon, & s'eſt eſleué victorieux dans les Cieux; en la

main duquel reside & confiste tout
victoire, gloire & puiſſance du mon
de , & qui eſtant Dieu, vit & regne
auec vous dans l'vnité du Sain
Eſprit , par tous les ſiecles des ſie
cles. Ainſi ſolt-il.   2. ORAISON

ODieu la force des eſleus & la
grandeur des humbles, qui aue
voulu au commencement chaſtie
les crimes du monde par vn deluge
& faire paroiſtre par vne Colomb
portant vn Rameau d'oliue, que l
paix eſtoit renduë à la terre. Qu
auez fait Aaron voſtre ſeruiteur Pre
ſtre en le ſacrant d'huile : qui aue
eſtably des Preſtres , des Roys & de
Prophetes pour la conduite du peu
ple d'Iſraël par l'effuſion de cette li
queur , & qui auez predit par la bou
che de voſtre ſeruiteur Dauid: que l
joye ſe reſpãdroit auec l'huile ſur l

face de l'Eglise. Nous vous suppliós,
ô Dieu Pere Tout-puissant, de vouloir benir & sanctifier ce Roy vostre
Seruiteur par cette presente onctió,
& de faire par vostre bonté, qu'il
apporte comme vne Colombe, vne
paix veritable à son Peuple, qu'il
imite les exemples d'Aaron dans le
seruice de Dieu : qu'il regle son Royaume auec des Conseils de sagesse,
& des Iugemens equitables, & qu'il
montre tousjours à son Peuple vn
visage riant & fauorable par la vertu
de cette Onction, de vostre benediction & de vostre ayde. Par nostre Seigneur, &c.   3. ORAISON.

O Dieu, Fils de Dieu nostre Seigneur Iesus-Christ, qui auez esté
sacré de vostre Pere d'vn huile de
ioye plus excellemment que tous
ceux qui participerót à vostre gloire :

Refpandez par l'effufion de cét
onguent pretieux, les graces & les
benedictions de l'efprit confolateur
jufque dans l'interieur de fon cœur,
afin que par ce don vifible & pal-
pable, il merite de receuoir les biens
inuifibles & fpirituels, & qu'ayant
gouuerné ce Royaume temporel
auec vne jufte moderation de fon
authorité & de fa puiffance, il regne
eternellement auec vous, qui eftant
feul fans peché Roy des Roys, viuez
dans la gloire du Pere & dans l'vnité
du mefme S. Efprit. Par tous les, &c.

*L'Officiant auec les Euefques de Laon
& de Beauuais, referment la Chemife
& Camifolle du Roy ; & le grand
Chambellan vefte le Roy de la Tunique
de la Dalmatique & du manteau Royal.
& l'Archeuefque reprenant la platine,
facre les mains du Roy, difant.*

Que

Que ces mains soyent sacrées de cét huile saint, dont les Roys & les Prophetes ont esté consacrez ; de mesme que Dauid fust sacré Roy par Samüel ; afin que vous soyez beny & estably Roy dans ce Royaume que Dieu vous a donné à regir & gouuerner.   ORAISON.

O Dieu qui est la gloire des Iustes, & le salut des pecheurs : qui auez enuoyé vostre Fils rachepter le genre humain par l'effusion de son sang precieux, qui mettez en poudre les Armées, qui combattez pour ceux qui esperent en vous, qui estes l'arbitre souuerain de la puissance & de la force de tous les Royaumes : nous vous supplions auec toute humilité, de benir dans ce Siege Royal, Loüis vostre Seruiteur, qui met toute sa confiance en vo-

ftre misericorde, & de luy eftre tousjours fauorable : Et cóme il ne veut
point d'autre defenſe ny d'autre
protection que la voſtre ; faites, s'il
vous plaiſt , qu'il ſoit plus fort que
tous ſes ennemis ; rendez - le tousjours victorieux ; mettez ſur ſa teſte
vne Couronne de Iuſtice & de Pieté,
afin que croyant en vous de tout ſon
cœur & de toute ſon eſprit , il tra-
uaille pour voſtre gloire , il defende
& eſleue voſtre Egliſe ſainte ; il gouuerne auec equité le peuple que vous
luy auez donné en charge , & le con-
duiſe au bien en deſtournant toutes
occaſiós d'iniquité, & toutes les frau-
des & les embuſches de l'injuſtice.
Enflammez ſon cœur à l'amour de
voſtre grace par l'onction de cét
huile dont vous auez ſacré les Preſtres, les Roys & les Prophetes, à ce

quã ymãt la Iustice , & ne s'essoignãt
jamais de ses voyes , il arriue à la
iouïssance des felicitez eternelles ,
apres auoir acheué glorieusement le
cours de sa vie dãs le plus haut point
d'excellence de la dignité Royale.
Par nostre Seigneur Iesus-Christ.

Benediction des Gands.   ORAISON.

TOut-puissãt Createur qui ayant
creé l'hõme à vôtre Image , luy
aués dõné des mains ornées de doigts
comme des organes d'intelligence
pour operer le bien auec discretion,
& luy auez commandé de les conseruer pures & innocentes pour estre
des vaisseaux conuenables de l'ame,
& pour traiter dignement vos my-
steres : benissez & sanctifiez ces
Gands , afin que tous les Roys qui
en couuriront leurs mains auec humilité , fassét par vostre misericorde,

H 2

paroiſtre vne grande pureté de cœur
& d'action. Par noſtre Seigneur, &c.

L'Archeueſque ayant beny les Gands
les met aux mains du Roy, diſant.

REuétés, Seignr, les mains de Loüis
voſtre ſeruiteur de la pureté &
de l'innocence du nouuel homme
qui eſt deſcendu du Ciel ; afin que
cóme Iacob ayant couuert ſes main
de peaux de Cheureaux, a reçeu la
benediction de ſon Pere, apres luy
auoir preſenté vne viande & vn
breuuage agreable, il reçoiue pareillement la benediction de voſtre
grace. Par ce meſme Ieſus Chriſt
noſtre Seigneur & voſtre Fils, qui
s'eſt offert à vous en ſacrifice dan
la reſſemblance de la chair du peché. Ainſi ſoit-il.

Benediction de l'Anneau.
ORAISON.

ODieu, le commencement & la fin de toutes creatures, Createur & Conſeruateur du genre humain, diſpenſateur des graces, diſtributeur du ſalut eternel, dans lequel toutes choſes ſont renfermées auec eminence : Verſez vôtre benediction ſur cét Anneau, beniſſez-le & ſanctifiez-le ; afin d'orner interieurement de vertus voſtre preſent ſeruiteur que vous honorez exterieuremét par cette marque de gloire ; qu'il cóſerue tousjours la diſcretion, & reluiſe de la ſplendeur d'vne foy veritable ; qu'eſtãt armé & ſouſtenu de la protection de la tres-ſainte & tres-auguſte Trinité, il ſurmonte comme vn ſoldat inuincible toutes les forces du demon, & faſſe tousjours de nouueaux progrez pour le ſalut de ſon ame & de ſon corps. Par

G 3

noſtre Seigneur Ieſus-Chriſt , &c.

L'Archeueſque met l'Anneau au qua-
trieſme doigt de la main droite du Roy,
& dit,

REceués cét Anneau, côme le ſeau
& le teſmoignage d'vne Foy
ſainte , la fermeté du Royaume , la
la perfection & le comble de la puiſſance , par lequel vous ſçachiez rè-
pouſſer vos ennemis par vne force
victorieuſe , deſtruire les hereſies ,
reunir vos ſujets, & les joindre tous
à la baſe & au fondement ineſbranlable de la foy Catholique.

ORAISON.

O Dieu , à qui appartient toute
puiſſance & toute dignité,
donnez à voſtre Seruiteur vn effet
fauorable de ſa dignité, dãs laquelle
il vous trouue tousjours pour recompenſe , il vous craigne & s'efforce

continuellement de vous plaire. Par
noftre Seigneur Iefus-Chrift, &c.

*Il met le Sceptre en la main droite
du Roy, difant.*

REceuez ce Sceptre, marque de la
Royalle puiffance, la verge du
Royaume, verge de juftice & de
force par laquelle vous-vous conduifiez vertueufement; vous defendiez
la fainte Eglife & le peuple Chre-
ftien qui vous eft fujet de la malice
de fes ennemis; vous corrigiez les
mefchans; vous pacifiez les bons &
les conduifiez par voftre exemple &
voftre ayde dans les voyes du falut:
en forte que du Royaume temporel.
vous paffiez à celuy qui eft eternel,
Par la mifericorde de celuy dont le
Royaume & l'Empire dure & fub-
fifte fans fin, dans les fiecles des
fiecles. Ainfi foit-il.

ORAISON.

SEigneur Tout-puiſſant, ſource & fontaine de tous biés, autheur de tous les bons progrés, accordez s'il vous plaiſt, à voſtre Seruiteur, la grace de ſe bien acquiter de la dignité qu'il poſſede, & affermiſſez l'honneur & la gloire qu'il a receu de vos mains. Honorez-le pardeſſus tous les Roys de la Terre; rempliſ-ſez-le d'vne abõdante benediction, & le rendez ineſbranlable dans le Siege ſouuerain de ce Royaume : vi-ſitez-le dans ſa lignée : donnez-luy vne longue vie : faites naiſtre la Iuſtice en ſes jours, & qu'auec joye & exultation, il deuienne glorieux dans le Royaume eternel. Par noſtre Seigneur Ieſus-Chriſt, &c.

Il met la Main de Iuſtice en la gauche du Roy, & dit.

Receuez

REceués cette verge de vertu &
d'equité, par laquelle vous sçachiez
traitter auec douceur les bons
& dóner de la terreur aux meschans,
redresser ceux qui s'esgarent, tendre
la main à ceux qui sont tombez, abbattre
les superbes, & releuer les
humbles; àfin que Iesus-Christ nôtre
Seigneur vous ouure la porte, lequel
a dit de soy ; je suis la porte,
& si quelqu'vn entre par moy, il
sera sauué : c'est luy qui est la clef
de Dauid & le sceptre de la maison
d'Israël, qui ouure sans que
personne puisse fermer, qui ferme,
sans que personne puisse ouurir. Que
celuy-là soit vostre protecteur &
vostre ayde, qui a tiré du fond des
cachots vn captif malheureux chargé
de chaisnes & enfoncé dans les tenebres
& dans les ombres de la mort

afin que vous reſſembliez en tout à
celuy dont le Prophete châte : vôtre
thrône, ô Dieu, ſera vn thrône eternel, & le ſceptre de voſtre Empire,
ſera vn ſceptre d'equité & de juſtice,
& que vous imitiez celuy qui dit :
Aymez la juſtice, & ayez en hayne
l'iniquité ; c'eſt pourquoy le Seigñr
voſtre Dieu vous a ſacré d'vn huil
de joye, à l'exemple de celuy qu'il
auoit ſacré auant tous les ſiecles pre-
ferablement à ſes Coheritiers & ſes
freres, Ieſus Chriſt noſtre Seigneur,
qui eſtant Dieu vit & regne, &c.

COVRONNEMENT DV ROY.

Le Chancelier le dos tourné contre l'Au-
tel, & ayant le viſage vers le Roy,
appelle les douze Pairs ſelon leur ordre &
dignité, Les Laïques les premiers, qui
s'approchent du Roy, & l'Archeueſque
prend ſur l'Autel la couronne de Charle-

magne, & la tenant haute sur la teste
du Roy, dit.

Que Dieu vous couronne d'vn
esclat de gloire, de la splendeur
de Iustice, & des actions de force,
afin que par le ministere de nostre
benediction, vous meritiez par vne
foy sincere, & par vn grand nombre
de bonnes œuures, d'arriuer à la
couronne du Royaume eternel, par
la liberalité de celuy dont le throsne
& l'Empire perseuere dans les siecles
des siecles. Ainsi soit-il.

*Il met seul la Couronne sur la teste du
Roy, & sans la quitter, soustenuë aussi
par les Pairs, il dit.*

REceuez la Couróne du Royaume
au nom du Pere, du Fils, & du
S. Esprit, afin qu'ayant abbatu l'ancien ennemy, & estant degagé de
la contagion de tous les vices, vous

aymiez en sorte la Iustice, la Misericorde, & le Iugement, que vostre vie soit sans aucun reproche d'injustice, & que la misericorde & la
pieté en'reiglent toutes les actions
& qu'vn jour vous receuiez de la
main de Iesus-Christ N. Seigneur, la
couronne de gloire en la côpagnie
des Saints. Receuez (dis-je) cette
Couronne qui est vne marque de
sainteté, d'honneur, & de force, &
sçachez qu'elle vous rend participant de nostre ministere. Et que
comme nous sómes les Pasteurs de
consciences, aussi vous deuez serui
de Protecteur à l'Eglise contre toutes aduersitez, & paroistre vn moderateur salutaire,& vn illustre Con-
ducteur du Royaume qui vous a esté
donné de Dieu, & que nous tenans
la place des Apostres & de tous les

Saints, auons par le ministere de
noſtre benediction, cómis à voſtre
conduite, auec vne voix d'exultation
& de joye; afin qu'eſtant tout eſclat-
tant de vertu & couronné d'vn Dia-
deme eternel, vous regniez glorieux
parmy ces illuſtres Athletes du Ciel,
auec noſtre Saüueur & Redempteur
Ieſus-Chriſt, dont nous croyons que
vous portez le nom & l'image deſſus
la terre, & qui vit & regne auec Dieu
le Pere en vnité d'eſſence dans les
ſiecles des ſiecles.

Oraiſon apres le Couronnement.

Dieu Eternel, Autheur & ſource
desvertus, beniſſez ce ſeruiteur
humilié deuant vous, & luy conſeruez vne ſanté perpetuelle & vne pros-
perité fortunée, & par tout où il im-
plorera voſtre ſecours, faites promp-
tement paroiſtre les effets de voſtre

preſence & de voſtre protection :
Verſez , s'il vous plaiſt , Seigneur ,
dedans ſon ſein les riches effuſions
de voſtre gloire : Accompliſſez vos
deſirs en ſes biens , courónez-le dans
l'abondance de vos miſericordes , &
qu'il vous ſerue , ô Dieu , continuellement auec vne pieuſe & ſincere
affection. Par noſtre Seigneur , &c.

Benedictions compoſées par S. Remy.

QVe Dieu Tout-puiſsát eſtende
ſa main pleine de benedictiós
deſſus vous , & qu'il vous enuironne
d'vne felicité conſtante , & de la
protection de ſon bras , & de celle
de la bien-heureuſe Marie, de Saint
Pierre Prince des Apoſtres , de ſaint
Denis , de S. Remy , & par l'interceſſion & les merites de tous les
Saints. Ainſi ſoit-il.

Que Dieu vous pardonne tous les

pechez que vous auez commis , &
qu'il vous accorde par sa bonté la misericorde & la grace que vous luy
demandez auec humilité, qu'il vous
preserue de tout mal & de toutes les
embusches de vos ennemis visibles
& inuisibles. Ainsi soit-il.

Qu'il pose pour vostre garde ses
bons Anges , qui vous precedent ,
vous accompagnent & vous suiuent
tousjours & en tous lieux , & qu'il
vous preserue par sa puissance du
peché ou du glaiue , & enfin de tout
Peril. Ainsi soit-il.

Qu'il change le cœur de vos Ennemis , & qu'il les porte à la douceur
de la charité & de la paix , & qu'il
vous rende aymable & agreable à
tous par de bonnes actions. Qu'il
charge de hayne & d'vne confusion
salutaire , ceux qui s'obstineront à

vous perfecuter & qu'il faffe au contraire fleurir fur voftre tefte vne couronne de fainteté & de gloire. Ainfi foit-il.

Qu'il vous rende tousjours victorieux & triomphant des Ennemis vifibles & inuifibles, & qu'il refpande efgalement dans voftre cœur vne crainte & vn amour perpetuel de fon faint nom : qu'il vous faffe, s'il luy plaift, perfeuerer dans la vraye foy & dans les bonnes œuures ; & apres auoir donné la paix à la terre en vos jours, qu'il vous conduife auec la palme de la victoire au Royaume eternel. Ainfi foit-il.

Que celuy qui vous a eftably Roy fur voftre Peuple, vous rende, & heureux en ce fiecle, & participant de la felicité eternelle dans l'autre. Ce qu'il plaife accorder à celuy qui vit & qui regne sans fin dans les siecles des siecles. Ainsi soit-il.

Benissez nostre Roy, Seigneur, qui gouuernez dés le cōmencement des siecles les Royaumes de tous les Roys. Ainsi soit-il. Et le couronnez d'vne telle benediction, qu'il porte le sceptre de salut de la mesme hauteur que Dauid, & qu'il ayt le don d'vne sainte propitiation comme ce Prophete. Ainsi soit-il.

Donnez luy, s'il vous plaist, par le souffle de vôtre esprit la grace de gouuerner son Peuple auec douceur, de mesme que vous auez fait regner Salomon auec tranquillité. Ainsi soit-il.

Qu'il vous soit soûmis auec crainte, qu'il vous serue auec repos, qu'il soit couuert de vostre bouclier auec tous les Grãds de son Royaume, & qu'auec vostre grace, il soit par tout victo-

K

rieux. Ainſi ſoit-il.

Honorez - le par deſſus tous le
Rois des autres natiós ; qu'il domine
aux peuples auec felicité, & que le
peuples trouuent leur bonheur dans
la ſouſmiſſió & l'obeiſſance qui ſon
les ornemens de ſon Throſne ; qu'i
viue genereux au milieu des Natiós
Ainſi ſoit-il.

Qu'il excelle dans les actions de
juſtice ; qu'il reçoiue de voſtre main
liberalle des richeſſes auec abondance ; que ſa patrie ſoit feconde
en toute ſorte de biens, & que ſe
Enfans proſperent heureuſemét par
voſtre grace. Ainſi ſoit-il.

Donnez luy vne longue vie dan
le temps ; que la juſtice regne en ſe
jours ; que ſon throſne ſoit ſouſtenu
de voſtre main, & qu'il joüiſſe glorieuſemét & auec joye du Royaume

eternel. Ce que luy veüille accorder
celuy, dont l'Empire & le Royaume
demeure dans les siecles des siecles.
Ainsi soit-il.   ORAISON.

QVe Dieu Tout-puissant vous
done de la rosée du Ciel & de la
graisse de la terre, vne abondance
de blé, de vin, & d'huile; que tous
les peuples vous seruent, & que les
tribus vous adorent; soyez le Maistre de vos freres, & que les enfans
de vostre Mere se courbent deuant
vous: que celuy qui vous benira, soit
remply de benedictions, & le Seigneur sera vostre appuy & vostre
ayde: que le Tout-puissant vous
comble de toutes les benedictions
que le Ciel respand dessus les Col-
lines & les Montagnes; & encores
de toutes celles qu'il fait couler auec
ses influences dans le fond des abys-

mes ; & encores de celles de toutes
sortes de fruits dont il embellit la
face de la terre : Que les benedictions des anciés Peres, d'Abraham,
d'Isaac, & de Iacob, soient confir-
mées auec force dessus vous. Par nostre Seigneur Iesus-Christ, &c.

ORAISON.

BEnissez, Seigneur, la force du
Prince, & receuez fauorablemét
les œuures de ses mains, & que sa
terre soit par vostre benediction,
couuerte de fruits : des fruits du Ciel,
de la rosée & de l'abysme : des fruits
du Soleil & de la Lune ; des fruits
des anciennes Montagnes & des Va-
lées eternelles, & des fruits de la
plenitude de la terre : que la benediction de celuy qui apparut dans
le buisson, descéde dedans son ame ;
& que la mesure de toutes ses bene-

lidions, soit plaine dedans ses enfans; qu'il trempe son pied dedans
l'huile; que sa force soit la force du
Rinoceros, auec laquelle il dissipera
les nations, & criblera les peuples
iusques aux confins de la terre; parce
que le conquerant qui est monté par
sa vertu dans le Ciel, sera eternellement son appuy. Par N. Seignr, &c.

*Ces Oraisons finies, l'Officiant prend
le Roy par la main du bras droit, & le
meine en son Throsne preparé au Iubé,
auquel il monte par le degré du costé de
l'Euangile; les six Pairs Laiques mar-
chans deuant luy, & apres luy le Chancelier, puis le grand Maistre, &c. ainsi
qu'il est dit cy-deuant: Les Pairs Ecclesiastiques montent par l'escallier qui est
dressé du costé de l'Epistre, & sont con-
duits par le Maistre des Ceremonies en
leurs places. Monsieur le Prince de Ca-*

rignan *fils de M. le Prince Thomas,*
porte la queuë du Manteau Royal en
ce preſent Sacre.

L'Officiant tenant le Roy par la
main, luy dit.

DEmeurez ferme, & conſeruez
le rang que vous auez tenu
juſques icy par la ſucceſſion de vos
Peres, & qui par droit hereditaire
vous eſt delegué par l'authorité de
Dieu tout-puiſſant, & par noſtre preſente tradition ; c'eſt à dire, de tous
les Eueſques & de tous les Seruiteurs
de Dieu. Et reſſouuenez-vous d'autant plus, que vous voyez le Clergé
proche des Autels, de luy donner
les premiers honeurs dans des lieux
conuenables à ſa codition ; en ſorte
que le Mediateur de Dieu & des
hommes, vous rende le Mediateur
du Ciel & du Peuple.

*L'Archeuesque tenant le Roy par la
main, le fait asseoir, & dit.*

QVe Iesus-Christ nostre Seigneur, Roy des Roys, & Monarques des Monarques, vous confirme dans le Siege de ce Royaume,
& vous fasse regner dás le Royaume
eternel auec luy, qui vit & regne
auec le Pere & le S. Esprit, par les
siecles des siecles. Ainsi soit-il.
Vers. Que vostre main soit affer-
mie, & que vostre droite soit exal-
tée. Resp. Que la Iustice & le Iugement soient la preparation de vostre Throsne. ℣. Seigneur, exaucez
ma priere. ℟. Et que mes cris s'esleuent jusques à vous. Le Seigneur
soit auec vous. Et auec vostre esprit.

ORAISON.

 O Dieu, qui auez soustenu dans
l'Oraison les mains de Moyse

qui estant tout cassé de vieillesse, &
ne laissoit pas de combattre auec
vne sainteté infatigable ; en sorte
qu'ayant vaincu Amalech, & subju-
gué les Nations infideles & estran-
geres par ses prieres aussi bien que
par ses conseils, il acquit vne abon-
dante possession au Peuple qui étoit
vostre heritage : Exaucez, s'il vous
plaist, nostre priere, & confirmez
l'ouurage de nos mains, & princi-
palement ayant aupres de vous, Pere
Saint, vn Sauueur qui a estendu ses
bras dessus vne Croix pour l'amour
de nous, en vertu duquel nous pre-
nons la hardiesse de crier à haute
voix, & de demander auec confiãce,
que l'impieté de nos ennemis soit
brisée par l'effort de vôtre puissance,
& que vostre peuple affranchy de
tous les perils, apprenne seulement

à vous

à vous craindre. Par le mesme Iesus Christ, &c.

LE ROY EN SON THROSNE.

LE Roy estant assis en son Throsne à la Couronne sur la teste, le Sceptre en la main droite, la Main de justice en la gauche, & est reuestu du Manteau Royal, Sur la premiere marche du Thrône à droite est le grand Chambellan, sur la plus basse marche à gauche le premier Gentilhõme de la Chambre : Sur le deuãt du Pulpitre sont le Connestable, le Chancelier & le grand Maistre : Sur le haut de l'Escalier de part & d'autre, le Capitaine des gardes Escossoises, Le grand Maistre des Ceremonies & le Capitaine des gardes en quartier. Le Maistre & l'ayde des Ceremonies sur le milieu des degrés de l'Escalier : A la main droite les Pairs Ecclesiastiques, à la gauche les Laïques.

L'Officiant ayant fait oster sa Mitre,

L

fait vne grande reuerence au Roy, le baise,
& dit à haute voix,

QVE LE ROY VIVE ETERNELLEMENT.

Apres luy tous les Pairs le baisent pareillement, en disant,

Viue le Roy eternellement.

Et en suitte tout le peuple crie,

Viue le ROY.

L'Archeuesque chante Te Deum, pendant lequel l'on fait largesse au Peuple de grand nombre de pieces d'or & d'argent.

LA MESSE DV ROY
au jour de son Sacre.

Il se dit en mesme temps deux Messes, vne grande au grand Autel, par le Prelat qui officie; & la Messe ordinaire du Roy, à l'Autel preparé au Pulpitre par vn des Aumosniers

Oraison qui se dit en la Messe au jour du Sacre auant l'Euangile.

DIeu Tout-puiſſant, nous vous prions que Loüis voſtre Serui-teur & noſtre Roy, qui a receu de voſtre miſericorde la conduite de ce Royaume, reçoiue auſſi de voſtre grace l'accroiſſement de toutes les vertus; afin qu'eſtant reueſtu (cóme il doit eſtre) de ces glorieux orne-mens, il puiſſe dompter les mon-ſtres des vices, ſurmonter ſes en-nemis, & arriuer, comblé de graces & de merites, juſques à vous, qui eſtes la voye, la verité & la vie, & qui viuez & regnez auec le ſainct Eſprit dans les ſiecles des ſiecles.

Quand ce vient à l'Euangile, le Roy ſe leue, & le Duc de Bourgongne luy oſte la Couronne de deſſus la teſte, & la poſe ſur vn quarreau: Et le grand Aumoſnier qui eſt ordinairement le plus eminent du

Clergé, prend le liure de la main de l'E-
uesque qui la dite : & apres les reuerences
accoûtumées, dône au Roy à baiser le Texte.

Monseigneur le Cardinal Grimald'
fait la charge de grand Aumosnier.

Le Roy descend à l'offerte de son Thrône
vient à l'Autel pour y faire les offrande
ordinaires ; & presente, 1. Treize piece
d'or en vne bourse. 2. Vn pain d'or. 3
Vn pain d'argent. 4. Du vin ; lesquelle
offrandes luy sont mises és mains pa
quatre Seigneurs.

Les Seigneurs nommez pour cette ce
remonie, sont M. de Souuré, M. le Du
de S. Simon, M. le Marquis de Sourdy
& M. le Comte d'Orval.

Oraison qui se dit par le Prestre
apres l'Offerte.

SAnctifiez, Seigneur, ces don
que nous vous presentons ; afin
qu'ils nous soient faits le Corp

& le Sang de voſtre Fils vnique, &
qu'ils puiſſent ſeruir à Loüis noſtre
Roy, pour obtenir vne parfaite ſãté
de corps & d'eſprit, & s'acquitter
touſjours dignement, auec l'ayde de
voſtre grace, de la charge qui luy
eſt commiſe. Par noſtre, &c.

*Apres la Conſecration, l'Officiant
benit le Roy & le Peuple.*

QVe le Seigneur vous béniſſe,
& vous prenant en ſa protection qu'il faſſe par ſa bonté, que
comme il vous a eſtably Roy deſſus
ce Peuple, il vous rende & heureux
en ce ſiecle, & participant de la felicité eternelle en l'autre, Ainſi ſoit-il.

QV'il faſſe encore, s'il luy plait,
que vous gouuerniez longue-
ment par vn effet de ſa prouidence
& de voſtre conduite le Clergé & le
peuple, qu'il a voulu eſtre aſſemblé

par sa misericorde dessous vos loix,
en sorte qu'obeissans à vos cōman-
demens , estans exempts de toute
sorte d'aduersités, abondans en tous
biens, seruās auec amour & fidelité
à vostre ministere , ils joüissent dans
le temps de la tranquillité & des
douceurs de la paix , & qu'vn jour ils
ayent le bonheur d'estre en la com-
pagnie des Bien-heureux dans l'e-
ternité. Ainsi soit-il. Ce qu'il plaise
accorder à celuy dont le Royaume
subsiste sans fin dans les siecles des
siecles. Ainsi soit-il. Et que la benediction de Dieu Tout-puissant , du
Pere , du Fils & du S. Esprit, descéde
& demeure eternellement dessus
vous. Ainsi soit-il.

Au Pax Domini, *Monsieur le grand*
Aumosnier reçoit le baiser de paix & re-
tourne au Throsne du Roy, auquel il dōne

le même baiser de paix; ce que tous les Pairs
font pareillement chacun en son ordre : Et
cependant le Prelat qui officie, benit la
Baniere Royale, & dit.

ORAISON.

EXaucez, Seigneur, fauorablemét
les prieres que nous vous adres-
sós auec humilité, & par l'entremise
du bien-heureux S. Michel voſtre
Archange, & de toutes les vertus celeſtes; aydez nous, s'il vous plaiſt de
la force de voſtre bras; & cóme vous
auez beny Abraham triomphant de
cinq Roys, & Dauid combatant auec
ſuccez en voſtre nom, beniſſez pa-
reillemét & ſanctifiez cette Baniere
que l'on porte pour la defenſe de
l'Egliſe, contre la rage & l'inſolence
ennemie; en ſorte que les fideles &
les defenſeurs du peuple de Dieu la
ſuiuans en voſtre nom, puiſſent ſe

glorifier d'auoir triomphé de leurs
Ennemis par la vertu de la Croix de
Iesus Christ, qui vit & regne, &c.

Oraison qui se dit par le Prestre
apres la Communion.

SEigneur, que cette Oraison salutaire preserue Loüis vostre Seruiteur, & nostre Roy de tout mal; en
sorte qu'il obtienne à l'Eglise la tranquillité de la paix, & qu'apres le cours
de cette vie, il possede l'heritage
eternel. Par nostre Seigneur, &c.

Apres la Messe, les Pairs ameinent
le Roy de son Throsne deuant le grand
Autel; le Duc de Bourgongne luy oste sa
Couronne, & tenant vn bout de la nappe
& le Duc de Normandie l'autre, le Roy
communie sous les deux especes, comme
les Prestres; & en suite le Prelat qui
officie, luy remet sur la teste vne
Couronne plus legere que la precedente.
La

La Ceremonie acheuée, la sainte Ampolle est reportée au mesme ordre qu'on l'a apporté, & le Roy retourne en son Palais reuestu des habits Royaux, ayant deuant luy les Seigneurs qui portent le Sceptre, la Main de Iustice, la grande Couronne, & l'Espée Royale.

M. le Mareschal de l'Hospital porte la grande Couronne. M. le Mareschal du Plessis-Praslin le Sceptre. M. le Mareschal d'Aumont la Main de Iustice.

Le Roy ayant changé d'habits, se vient mettre à table sur vn haut Daiz preparé en la Salle du Palais Archiepiscopal: A la droite disnent les Pairs Ecclesiastiques auec la Chappe & la Mitre, & les Laiz auec leurs habits du Sacre à la gauche. Il y a encores plusieurs autres tables dressées pour les Cardinaux, Princes, Ambassadeurs, & Grands du Royaume.

FIN.

REMARQVES SVR le Sacre du Roy.

 E ROY venant en la Ville de Reims pour s'y faire sacrer , n'a pas voulu qu'on luy preparaft d'Entrée;ou pour se disposer plus parfaitement par cette action d'humilité à receuoir la grace de la sainte Onction, ou de crainte que la despense des grands preparatifs ne fut à charge à ses Sujets. Ce jeune Prince ayant appris que Dieu resiste aux superbes, & qu'il repose auec plaisir sur le cœur des humbles, fuir par vn genereux mespris ce fast & cette pompe exterieure, qui enfle ordinairement le cœur des Roys, &

qui leur inspire des pensées inju-
rieuses à sa gloire. Et comme il a vne
sousmissió parfaite à l'égard de Dieu,
il a aussi vne bonté naturelle pour ses
Sujets, qui n'a point d'autre but que
leur soulagement, & qui ne leur demande pour tesmoignage de leur
fidelité, que des vœux & des desirs
qui ne leur coustent rien. Ce n'est
pas que cét ordre n'ayt beaucoup
affligé les Habitans de cette Ville,
& qu'il n'y ayt eu vn grand combat
entre la bonté du Roy & l'affection
de ce Peuple, qui a tousjours fait paroistre vn zele particulier pour sa
gloire, & vne fidelité inuiolable à
son seruice.

Le Roy arriua en cette Ville le 3.
jour de Iuin sur les six heures du soir,
& fut conduit parmy les applaudis-
semés & les acclamations d'vn nóbre

M 2

infiny de perſonnes qui eſtoient ve-
nuës de toutes parts, pour rendre à
ce jeune Prince, des teſmoignages
de leur fidelité & de leur joye, au
jour de ſon Couronnement & de ſon
Triomphe, ſuſques à l'Egliſe de N.
Dame, où Monſieur l'Eueſque de
Soiſſons, accompagné des Comtes &
Eueſques de Beauuais & de Noyon,
& du Coadjuteur de Soiſſons, en habits Pontificaux, le receut, & luy fit
vne docte Harangue qui fut ſuiuie
de celle de l'Archidiacre de ladite
Egliſe.

Il n'eſt pas hors de propos de re-
marquer que c'eſt icy le troiſieſme
Eueſque de Soiſſós qui a eu l'hóneur
de ſacrer des Roys de cette Illuſtre
& Royale lignée, qui occupe maintenant le Throſne par vne conduite
particuliere de la bóté & prouidence

diuine deſſus ce Royaume. Le premier qui eut cette gloire, fut Iacques
de Bazoches Eueſque de Soiſſons,
qui ſacra le Roy S. Loüis. Le ſecond
fut Milon de Bazoches, qui eut le
bon-heur de conſacrer Philippes le
Hardy, fils de S. Loüis. Et Meſſire
Simon le Gras maintenant Eueſque
de Soiſſons, fait le troiſieſme ; lequel
apres auoir gouuerné ſon Dioceſe
l'eſpace de trente ans, auec vne re-
ſidence exemplaire & vne edifica-
tion publique, & auoir ſeruy Henry
IIII. & Loüis XIII. d'heureuſe memoire, & contribué à la naiſſance
de noſtre Prince par ſes ardentes
prieres, & les vœux continuels de
tout ſon Dioceſe, à cette gloire dans
ſa vielleſſe, & cette cõſolatió d'auoir
couróné le ſang de S. Loüis, & con-
firmé Loüis XIIII. fils d'vn Roy

M 3

Iuſte , & petit fils d'vn Roy Saint,
dans le Throſne de ſes Peres.

Le Roy ſe retira en ſuite dans le
Palais Archiepiſcopal , où il receut
de tous les Corps de cette Ville , des
marques d'vne entiere ſouſmiſſion,
& d'vne parfaite obeïſſance.

La veille du Sacre , S. M. fit preſent à l'Egliſe, d'vn chef de S. Remy
d'argent doré , de la valeur de cinq
à ſix mil liures ; entendit Veſpres , &
la Predication de M. l'Eueſq; de Dol,
qui ſe ſurpaſſa dãs cette grãde actió,
fondée ſur ces paroles du Prophete
Roy : *Ie couuriray de confuſion ſes enne-*
mis, & je feray florir deſſus luy ma ſan-
ctification, par des actiõs extraordinaires.

Le Dimanche 7. Iuin , le Roy en-
uoya pour oſtages à Saint Remy ;
à ſçauoir , Meſſieurs les Marquis de
Qualin , de Manciny , de Biron , &

le Richelieu.

Les Pairs Ecclesiastiq; & Laïques
yans pris leur seance, les Euesques
x Comtes de Beauuais & de Châlons
urent deleguez pour aller querir le
Roy. Lon remarqua quelque emo-
ion sur le visage de ce Prince, quand
l vit entrer ces deux Euesques; soit
qu'il regardast la Couronne qu'on
uy alloit mettre sur la teste comme
vn joug tres-pesant & formidable
nesme aux Anges, pour parler aux
ermes de S. Chrysostome; soit qu'il
eut appris que la crainte & la frayeur
st la premiere disposition que Dieu
demande pour les grandes actions.
Ce fut cette sainte frayeur qui rem-
plit l'ame de Moyse, lors que Dieu
le choisit pour chef du peuple d'Israël. Et nous voyons que la sainte
Vierge fut troublée, lors qu'vn Ange

luy annonça qu’elle seroit la Mere
d’vn Dieu , & la Reyne de tout le
monde.

LA SEANCE DV ROY.

LE Roy estant arriué deuant le
grand Autel , fût preseté par lesdits Euesq; à M. l’Euesque de Soissós,
& mené en suite en sa Chaire esloignée de l’Autel de huit ou dix pieds ,
& preparée sur vn haut Daiz couuert
d’vn Tapis de velours cramoisi, enrichy & releué de fleurs de Lys d’or.

Vis-à-vis le Roy , M. l’E. de Soissós
Officiát, estoit assis ayant à ses costés
Mrs les E. d’Amiens & de Senlis.

M. le Maresl. d’Estrée. M. le Chancelier. M. le Maresl. de Villeroy. Le
Duc de Ioyeuse. Le Comte de Vi-
uonnes, derriere le Roy chacun en
son ordre. *Voyez pag. 15.* A sa droite,
ces Pairs Ecclesiastiques , ainsi qu’il
s’ensuit.

s'enfuit.

M. L'E. & C. de Beauuais repre-
fentant l'E. Duc de Laon.

M. L'E. & C. de Chaalons repre-
fentant l'E. Duc de Langres.

M. L'E. & C. de Noyon repre-
fentant l'E. & Comte de Beauuais.

M. L'Archeuéque de Bourges re-
prefentant l'E. & C. de Chaalons.

M. L'Acheuefque de Roüen re-
prefentant l'E. Comte de Noyon.

Plus haut, à cofté & au pied de l'Autel eftoient affis les Prelats affiftans,
à fçauoir M^rs les E. d'Agde, de Rennes, de S. Paul, de Coutance, & le Coadjuteur de Soiffons reueftus Pontifi-
calemét, & derriere eux dix Chanoines en habits de Diacres & Soudiacres

Meffieurs les Cardinaux Grimaldy
& Mazarin tenoient vn rang à part
auec leurs habits de ceremonie &

N

leurs Caudataires à leurs pieds.

Derriere Messieurs les Cardinaux, estoiét assis M. l'Arch. de Thoulouze Messieurs les Euesques de Bayóne, de Dol, de Montauban, de Toulon, de Cominges, de Rhodés, de Leon, de S. Pont, en Camail & Rochet, M. de Marmiesse nommé à l'Euesché de Cózeran, & grand nóbre d'Abbées.

Au dessous des Pairs Ecclesiastiques, Messieurs les Conseillers d'Estat, Maistres des Requestes & Secretaires du Roy, & à leur teste, M. de Seruiét Cheualier du S. Esprit, & Surintendant des Finances.

A la main droite de l'Officiant, les Pairs Laïques estoient pareillement en leurs seances à l'opposite des Pairs Ecclesiastiques dans l'ordre qui s'ensuit.

Monsieur Frere vnique du Roy,

dont la beauté & la grace qui luy
font naturelles, eſtoient releuées par
l'eſclat des diamans qui brilloient ſur
ſa teſte, repreſentât le Duc de Bourgongne.

M. le Duc de Vendoſme, repre-
ſentant le Duc de Normandie.

M. le Duc d'Elbœuf, repreſentât
le Duc d'Aquitaine.

M. le Duc de Candale, repreſen-
tant le Comte de Thoulouze.

M. le Duc de Ronés, repreſentât
le Comte de Flandre.

M. le Duc de Bournonuille, repre-
ſentant le Comte de Champagne.

Derriere eux les Mareſchaux de
l'Hoſpital, de Praſlin, d'Aumont,
de Granmôt, d'Albret, & pluſieurs
autres Seigneurs & grâds de la Cour:
Plus bas Meſſieurs le Comte de Bri-
enne, de l'Aurilliere, de Guene-

gaud, & le Telier Secretaires d'Eſtat,
& encore derriere, les Gentilshómes
& Officiers de la Maiſon du Roy.

A coſté de l'Autel, eſtoit dreſſé le
pauillon où le Roy va ſe reconcilier
auant la Communion; à l'entrée, le
R. P. Confeſſeur & les Aumoſniers
du Roy.

Les quatres Seigneurs choiſis pour
porter les offrandes, à ſçauoir M. de
Souuray, M. de Sainct Simon, M.
le Marquis de Sourdy, & le Comte
d'Orual, eſtoient aſſis dans les Stales
des Chanoines à main droite: Et les
quatre oſtages de la ſainte Ampolle
prirent pareillement à leur retour
leurs ſeances à main gauche dans les
hautes Chaires du Chœur.

Le Chœur eſtoit entouré d'Eſcha-
faux & d'Amphiteatres: Au premier
du coſté droit de l'Autel eſtoit la

Reyne auec la Reyne d'Angleterre, le Duc Dyorc, le Duc de Glocester, M. le Prince Thomas, la Princesse d'Angleterre, M. la Princesse de Conty, M. la Princesse Palatine, M. la Duchesse de Vendosme, & plusieurs autres Princesses & Dames de la Cour.

Vis-à-vis estoit celuy des Ambassadeurs.

Le Reste des ceremonies se pratiqua cóe aux autres Sacres, conformemét à ce qui a esté dit cy-deuant.

Dieu permit que le Prelat qui officioit, tira de la sainte Ampolle autant de saint Chresme, qu'il en faut pour sacrer deux Roys, pour marquer par cette abondance, la plenitude de grace, qu'il deuoit verser dans l'ame de ce Prince.

Les Euéques assistans chanterent

N 3

les Lytanies.

Quand ce vint à l'onction, le Roy
la receut auec tant d'humilité & de
respect, que chacun en fust edifié,
& prit cela comme vn presage d'vne
eminente pieté dans ce Prince.

L'Officiant luy ayant mis la couronne de Charlemagne qui est fort
pesante, l'vn des Pairs auertit le Roy
de l'enfoncer en sa teste, il répōdit,
elle y tient bien, & auec l'ayde de
Dieu, elle n'en tombera jamais.

Le Roy allât à son Thrône perdit le
diamāt de l'āneau dōt il auoit épousé
le Royaume, que M. le Chācelier re-
trouua par vne auāture mysterieuse,
qui signifie que la justice, dōt il est le
chef doit cōfirmer cette vnió, & étre
le seau inuiolable de cette aliance.

Estant sur le Throsne auec son
Manteau Royal, le Sceptre & la

Main de Iustice en ses mains, l'on ne
vit jamais rien de plus auguste ny de
plus majestueux que ce Prince, & l'on
voyoit visiblemét reluire dessus son
visage vn rayon de cette souueraine
Majesté, dont les Seraphīs ne peuuét
supporter l'esclat dedans le Ciel.

Monsieur Frere vnique du Roy,
seruant S. M. luy dit ; il est vray que
c'est vn grand auantage de seruir
le Roy , mais il faut auoüer, qu'il est
bien glorieux au Roy d'estre seruy
par son Frere.

Mais sur tout le Roy fit paroistre
sa pieté dans la Communion , apres
laquelle il ne voulut point prendre
par respect , l'ablution à l'Autel, où
il auoit receu le Sang de Iesus Christ.

Ie ne sçaurois representer l'excez
de joye qui paroissoit sur le visage de
nostre grande Reyne , soit par les

larmes qui fortoient de fes yeux, foit
par fes regards qu'elle tenoit conti-
nuellemét attachés deffus ce Prince,
ne l'ayant point abandonné de veuë
dans toute cette action : & princi-
palemét l'ors qu'elle vit mettre deffus fa tefte cette Couronne qu'elle
a eu tant de peine à luy conferuer
entiere pendant fa minorité ; lors
qu'elle le vit affis deffus ce Throfne,
qu'elle a fouftenu par la fermeté de
fon courage , au milieu des orages
que l'ambition des Grands , & que
la reuolte des Petits auoit excité de
toutes parts , pour le renuerfer &
pour l'abbatre ; lors qu'enfin elle le
vit receuoir aux pieds du Pontife le
comble des graces & la perfection
des vertus , dont elle luy a infpiré
les premiers mouuemens par fes in-
ftructions & par fes Exemples ; en
forte

forte que l'on peut dire auec verité
que si la naissace de nôtre Roy a esté
la reompense de la patience & des
armes de cette grande Reyne , son
Couronnement a esté le fruit &
effet de son courage & de sa force.

Le Lundy au matin , le Roy fist
vne Caualcade à Saint Remy auec
tout l'esclat & toute la pompe ima-
ginable. L'apresdinée il receut le
Collier de l'Ordre du S. Esprit de
la main de M. l'Euesque de Soissons,
& le donna en suite à MONSIEVR
auec les ceremonies accoustumées.

Le Mardy apres auoir communié
à S. Remy , Sa Majesté toucha prés
de trois mil malades , auec tant de
zele , que si la foy des malades à
egalé sa deuotion, je ne crains point
d'auancer que ce Prince à fait autant de miracles que d'attouchemés.

FIN.

DE PAR LE ROY.

Sa Majesté ayant esté informée, que Maistre
Nicolas le Maire Docteur en Theologie,
Chanoine de l'Eglise Cathedralle de Soissons,
& son Predicateur ordinaire, a fait vn petit Liure
en françois Intitulé les Ceremonies & Prieres qui
se font au Sacre de sa Majesté, lequel est approuué
des Docteurs de Sorbonne , & desirant qu'il soit
mis en lumiere afin que tous ses Sujets puissent
auoir connoissance de cette action que sadite
Majesté a receuë depuis peu sur sa personne : Elle
a permis audit le Maire de faire luy seul imprimer , vendre & debiter en tels lieux du Royaume
qu'il voudra , & par tel imprimeur qu'il choisira,
le susdit petit Liure , en telle marge & caractere
& autant de fois que bon luy semblera durant
neuf ans , à compter du jour qu'il sera acheué
pour la premiere fois. FAISANT sadite Majesté,
defenses à toutes sortes de personnes de faire imprimer ny vendre le susdit Liure , sans son consentement , ou de ceux qui auront pouuoir de luy,
à peine de cinq cens liures d'amende. Et afin que
personne n'en ignore , Elle veut que la presente
Permission soit leuë , publiée , & copie d'icelle
affichée aux Quarrefours des Villes où ledit le
Maire fera imprimer ledit Liure. Fait à Reims

le onziesme jour de Iuin, mil six cens ciuquante
quatre.

Signé, LOVIS.

Et plus bas, PHELIPEAVX. Et scellée.

Ledit sieur le Maire a mis és mains d'Augustin
Pottier Imprimeur audit Reims, le Priuilege
cydessus.

Acheué d'Imprimer pour la premier fois,
le 15. jour de Iuin 1654.